AF233582

OPINION

D'UN

JURISCONSULTE PATRIOTE,

SUR LE PROCÈS INTENTÉ

A LOUIS XVI,

DERNIER ROI DES FRANÇAIS;

Extraite du Nº. V du tome VIᵉ. de la Gazette des Tribunaux et Mémorial des Corps Administratifs et Municipaux.

Prix 3 sols.

A PARIS,

Chez les Marchands de Nouveautés.

1793.

On souscrit pour ce Journal , composé de trente-deux pages et d'une Couverture , au Bureau , rue Pierre-Sarrazin , N°. 12 ; et chez *C. F. Perlet* , Imprimeur du Tribunal de Cassation , et des Tribunaux des premier et sixième Arrondissemens de Paris , moyennant 25 livres pour l'année , 12 livres 10 sols pour six mois , franc de port.

Il faut affranchir les lettres de demande , et charger à la Poste celles contenant des assignats ou autres valeurs.

Il reste encore quelques exemplaires des cinq premiers Volumes , qu'on peut se procurer moyennant 25 livres pour Paris , et 30 livres pour les Départemens.

Toutes les lettres doivent être adressées au Citoyen *Jauffret* , Homme de Loi , rue Pierre-Sarrazin , N°. 12 , à Paris.

OPINION

D'UN
JURISCONSULTE PATRIOTE,
SUR LE PROCÈS INTENTÉ
A LOUIS XVI,
DERNIER ROI DES FRANÇAIS;

Extraite du N°. du tome VI de la Gazette des Tribunaux et Mémorial des Corps Administratifs et Municipaux.

LA République française peut désormais s'élever sans obstacles à la hauteur de ses destinées. Ce Trône, qui interceptoit les influences bienfaisantes de la Liberté, est tombé sous la foudre du Peuple; le tyran est enchaîné au milieu des débris de sa couronne et de son sceptre fracassé; et je crois voir cette main terrible qui, troublant jadis la joie d'un festin, traça sur le mur la condamnation d'un Roi profanateur, écrire, sur le sommet de la tour du Temple, dans tous les dialectes, LA DERNIÈRE HEURE DES ROIS APPROCHE. En vain plusieurs d'entr'eux ont déjà jeté le cri de la guerre; en vain ils ont appelé leurs esclaves; en vain ils leur ont dit d'aller exterminer ce Peuple qui a l'audace de vouloir être libre: la terre de la Liberté les a engloutis. Qu'ils sachent donc que des fondemens de ce Trône abattu, sortiront toujours des foudres et des

A 2

éclairs pour anéantir ceux qui tenteroient de le relever ; comme autrefois des ruines d'un Temple fameux, s'élançoient des flammes dévorantes pour repousser les mains qui s'efforçoient de le reconstruire.

Attentive aux progrès étonnans de notre Révolution, l'Europe a les yeux fixés sur la grande question qui occupe aujourd'hui les Représentans du Peuple français. *Louis XVI* sera-t-il jugé ? *Louis XVI* sera-t-il puni ? Problêmes importans, de la solution desquels dépend en quelque sorte l'honneur national. Sans doute l'Assemblée, dépositaire des intérêts et de l'honneur d'un grand Peuple, proportionnera ses soins, son attention, sa marche prudente à l'importance de la délibération, et ne coupera point avec l'épée ce nœud qu'il faut décomposer avec sagesse. Elle accueillera toutes les opinions de quelque part qu'elles viennent, sachant que tout Citoyen aujourd'hui a, pour ainsi dire, sa tribune d'où il doit être écouté.

Avant d'aborder cette grande question, je me suis interrogé, et j'ai appliqué la pierre-de-touche sur tous mes sentimens ; j'ai cherché à me faire une image du meilleur Juge dans ce procès trop célèbre : ce seroit, me suis-je dit, un homme qui ne seroit jamais entré dans le tourbillon de l'ambition ; qui, servant sa Patrie par un travail utile mais borné, ne connoîtroit *Louis XVI* que de nom ; qui n'auroit jamais vu la Cour que pour en concevoir des idées désavantageuses, dont la plume, aussi libre et aussi pure que son cœur, ne se seroit jamais vendue à aucun parti, ni déshonorée par la flatterie ; un homme qui, dès sa jeunesse, auroit détesté les tyrans ; qui, l'imagination et le cœur pleins des beaux temps de la Grèce et de Rome, auroit palpité, dès son enfance, au seul nom de la Liberté ; auroit reproché plus d'une fois à la Nature de l'avoir attaché, en naissant, à la chaîne d'un despote. En traçant cette image, je n'ai fait que tracer mon portrait.

J'entâme donc avec confiance une discussion difficile ; je parlerai en homme qui s'intéresse vivement à la gloire de son pays, qui voudroit voir tous les Peuples régénérés à la Liberté, et qui souvent aime à se représenter cette fédération du Genre humain, qu'il faut plus que jamais espérer ; et la Philosophie, versant, sur toutes les latitudes du globe, des torrens de lumière.

Vouloir se dissimuler les crimes de *Louis XVI*, ce seroit prétendre que la morale peut être soumise à des variations, qu'elle n'est pas la même pour les Rois et pour le vulgaire des Hommes ; et que, semblable à cet instrument avec lequel la Physique estime la température de l'atmosphère, elle présente des changemens et des différences à une certaine élévation. Il n'est point nécessaire d'offrir ici le tableau hideux des crimes de *Louis XVI*, ni d'examiner s'ils ont eu leur source dans la corruption de son cœur, ou dans les illusions qui environnent tous les Trônes ; il n'est point nécessaire de rappeler ni cette hypocrisie par laquelle il vouloit en imposer à la Nation qu'il trahissoit, ni tous ces engagemens foulés aux pieds, au mépris de tout ce qu'il y a de plus sacré ; ni ces sermens perfidement violés, ni l'autel de la Patrie tant de fois souillé par des protestations que prononçoit sa bouche, mais que désavouoit son cœur; ni son palais rempli d'assassins au mois de Février 1791, ni ces corbeilles chargées de poignards destinés à égorger les Patriotes, ni sa perpétuelle connivence avec l'ennemi du dehors, ni ses trésors répandus avec profusion pour accélérer la contre-révolution, ni cette fuite à Varennes, ni ses mensonges, ni ses ruses, ni sa félonie, ni ce dernier projet du 10 Août, qui a mis le sceau à tous les crimes précédens.

Si par la question *Louis XVI est-il jugeable ?* on entend *Louis XVI est-il criminel ?* On ne pourroit répondre qu'affirmativement à la question. Mais, si cette question : *Louis XVI est-il jugeable ?* doit se traduire en celle-ci : *Louis XVI peut-il être mis en cause ?* Le problême n'est pas aussi facile à résoudre.

Je n'examine pas si c'est une mesure bien politique de la part de la Convention, de se charger de ce procès ; si ce n'est pas reconnoître encore *Louis XVI* pour Roi, lorsqu'il ne l'est plus, que de le juger avec cet appareil ; si ce n'est pas relever aux yeux du Peuple la prétendue dignité des Rois, si ce n'est pas lui dire que les Rois sont au-dessus des hommes ordinaires, qu'ils sont d'une autre nature que le vulgaire des Citoyens, que ce titre de Monarque imprime un caractère indélébile de majesté, de grandeur, qu'il suffit de porter une couronne pour n'être plus un homme, que les Tribunaux ordinaires ne sont pas dignes de juger les Rois, et qu'il doit exister pour eux des distinctions, là même où l'Egalité se fait le mieux sentir. La Convention doit considérer *Louis XVI* ou comme Roi, ou comme Citoyen : si elle le considère comme Roi, ce n'est plus ici une chimère, ce n'est plus un mot vide de sens que l'inviolabilité, c'est un pacte passé entre *Louis XVI* et la Nation ; il ne peut être mis en cause. Si la Convention le regarde comme Citoyen, n'est-ce pas insulter à l'Egalité qui doit régner entre tous, que de le distinguer dans son procès du reste des Citoyens ?

Mais enfin, *Louis-le-dernier* peut-il être mis en cause ? Voilà le point principal de la question dégagée de tous ses accessoires. Je demande d'abord quels sont les crimes qu'il a commis, que peut-on lui reprocher depuis qu'il est renfermé dans la tour du Temple ? Rien....... On veut donc le juger pour les crimes antérieurs à sa déchéance ? Mais ne seroit-ce pas violer la Loi ? Est-il aucune circonstance où l'on doive s'élever au-dessus d'elle ? Peut-on transgresser ses limites ?

J'entends répondre : la raison d'Etat ne consulte pas toujours la Loi ; il faut quelquefois renverser ses barrières ; il arrive souvent que le bien ne peut s'opérer que sur ses ruines ; il est des circonstances où il faut au moins composer avec elle ; il est même une heureuse infraction de la Loi, qui vaut quelquefois mieux que la plus entière soumission : vains sophismes ! qu'il faut reléguer dans ces malheureuses contrées où la tyrannie, gouvernant au gré de ses caprices et voulant quelquefois dissimuler ses vexations, aime à couvrir de grands mots ses oppressives volontés, et parle de *raison d'Etat*, tandis qu'elle n'en connoît d'autre que le désir d'écraser les Peuples. *La raison d'État* dans une République, *la seule raison d'État*, c'est la Loi.

Qu'on ne vienne point ici chercher à nous fasciner l'esprit par des équivoques, par des ambiguités ; qu'on ne vienne pas nous dire que *la Nation a le droit de détruire ses Lois* : oui, la Nation a *le droit de détruire ses Lois*, en ce sens qu'elle peut changer sa Constitution ; mais ce seroit interpréter faussement cette proposition, que de croire que la Nation peut infliger à un coupable une peine dont elle n'étoit pas convenue avec lui : ici c'est la Société, moins un de ses membres, qui traite avec ce membre, et il ne lui est pas plus permis de manquer au traité passé avec ce Citoyen, qu'il ne l'est à un Particulier de violer l'engagement qu'il a pris avec un autre Particulier. Par exemple, la Société vous dit : « Si vous volez, vous serez puni de la peine de détention ». Certes, la Société se rendroit coupable de la plus horrible injustice, si, après le vol commis, elle vouloit vous punir de la peine de mort : en dernière analyse, la Cité, en punissant un Citoyen, doit absolument suivre la convention qu'elle a faite avec lui antérieurement au délit.

Mais, pourra-t-on dire, *Louis XVI* étoit convenu, avoit juré de maintenir la Liberté, le nouvel ordre de choses ; il a violé son serment ; la Nation, par représailles, peut violer la convention faite avec lui : en vérité, pour parler ainsi, il faut être bien peu jaloux de l'honneur du Peuple français ! Quoi ! vous voulez que la Nation soit injuste, parce que *Louis XVI* l'a été? Vous voulez que la Nation se déshonore, parce que *Louis XVI* s'est couvert d'opprobre ? Vous voulez que la Nation foule aux pieds la sainteté des contrats, parce que *Louis XVI* s'est joué de tout ce qu'il y a de plus sacré ? Vous voulez que la Nation commette un crime, parce que *Louis XVI* est un scélérat ? Non, la Nation française, dont l'équité et la Justice ne fléchissent devant aucune considération, restera fidelle à ses engagemens.

Interrogeons donc la Loi, et voyons si, d'après sa réponse, *Louis XVI* peut être mis en cause. Que dit la Loi? Que si le Roi se mettoit à la tête d'une armée ennemie, il encourroit la déchéance. La déchéance devoit donc être la seule peine de *Louis XVI*, s'il eût porté le fer et la flamme dans son pays, s'il eût conduit lui-même des cohortes ennemies contre la Nation, s'il eût ravagé, incendié, abreuvé du sang des Citoyens le territoire français, s'il l'eût couvert de toutes les horreurs de la guerre, s'il eût fait marcher devant lui la famine et la mort, s'il eût déchiré le sein de la France, s'il eût été l'Attila de son pays. Quel horrible tableau ! Celui des crimes de *Louis XVI* est-il plus affreux? Quelle sera donc la peine de ses forfaits ? la déchéance : oui, sans doute : or l'application de la Loi est déjà faite ; donc il ne peut plus être mis en cause ; donc il n'y a plus de procès à lui faire ; *non bis in idem*.

Des gens, qui cherchent à tout embrouiller, à tout obscurcir, prétendent que la Nation ayant pu détruire le régime monarchique, sans vouloir punir *Louis XVI*, la déchéance ne peut être regardée comme une peine. Voilà un étrange raisonnement ; mais, lorsque la Nation lui a dit : « Si tu commets tels ou tels délits, tu seras déchu », ne savoit-elle pas qu'elle pouvoit changer sa Constitution ? Si donc la Nation ne regardoit pas aujourdhui la déchéance comme une peine, elle auroit dressé un piège à un des membres de la Société.

Ici je pourrois borner mon opinion. Les principes sont évidens. On ne peut condamner que la Loi à la main, qu'en citant le texte d'une Loi préexistante au délit. Il n'en existe point contre *Louis XVI* : il ne peut donc pas être jugé..... En supposant cependant, comme tout l'annonce, que la Convention prenne sur elle de vouloir le juger, quelle peine infligera-t-elle au ci-devant Roi ? Cette question n'est pas moins embarrassante que la première. Elle mérite d'être traitée à part.

Ouvrages nouveaux.

Histoire impartiale du procès de Louis XVI, dernier Roi des Français, ou *Recueil* complet et authentique de tous les rapports faits à la Convention nationale, concernant le procès du ci-devant Roi, des différentes opinions des Représentans du Peuple, ou des Particuliers, prononcées à la tribune nationale, ou publiées par la voie de l'impression ; enfin, de toutes les pièces qui entreront dans l'instruction de ce grand procès, jusqu'au Jugement définitif inclusivement :

Par le citoyen *Jauffret,* Homme de Loi, Auteur de la *Gazette des Tribunaux,* et *Mémorial des Corps administratifs et municipaux.*

Tome premier, contenant le rapport de *Gohier,* sur les papiers inventoriés dans les Bureaux de la Liste civile ; le premier rapport sur les crimes de *Louis Capet,* fait par *Valazé* ;

le rapport du Comité de Législation, sur les formes à suivre pour procéder au Jugement du ci-devant Roi et de sa Famille ; les opinions de *Morisson*, *Saint-Just*, *Robert*, *Pétion*, *Azema*, *Fauchet*, *Asselin*, *Grégoire*, *Gertoux*, *Rouzet-de-Toulouse*, *Prud'homme*, *Manuel*, *Condorcet*, *Necker*, *Thomas Payne*, et autres, sur cette question : *le ci-devant Roi peut-il être mis en cause ?*

Ce premier Volume paroîtra dans douze jours au plus-tard.

Prix, 3 livres pour Paris ; 4 livres pour les Départemens

L'envoi suivra exactement la lettre de demande.

Le second Volume paroîtra très-prochainement.

S'adresser à Paris, chez *Perlet*, Imprimeur hôtel de Château-Vieux, rue Saint-André-des-Arts.

202

www.ingramcontent.com/pod-product-compliance
Lightning Source LLC
LaVergne TN
LVHW050304030726

842520LV00006B/2578